RAPPORT

SUR

L'ÉPIDÉMIE CHOLÉRIQUE

QUI A RÉGNÉ EN 1866

DANS LE DÉPARTEMENT DE LA MOSELLE

PAR

M. le Docteur TOUSSAINT

Extrait de l'*Exposé des Travaux de la Société des Sciences médicales de la Moselle*, année 1866-1867

METZ

J. VERRONNAIS, Imprimeur de la Société, rue des Jardins, 14

1867

barrière à l'envahissement du fléau, au moins à en conjurer autant que possible les terribles effets, si, comme l'événement l'a prouvé, la ville devait être atteinte.

Les rues furent abondamment arrosées et lavées par l'eau des bornes-fontaines, qui depuis quelques semaines seulement avaient commencé à fonctionner. Une commission de salubrité visita scrupuleusement les maisons réputées malsaines qui pouvaient devenir des foyers d'infection.

Cette commission prescrivit et fit exécuter les travaux les plus urgents pour atténuer les effets pernicieux qui, en cas d'épidémie, devaient résulter des déplorables conditions hygiéniques dans lesquelles se trouvent un grand nombre de ces réduits sombres, malpropres et humides, où vivent entassées de nombreuses familles.

A la fin d'octobre 1865, M. le Préfet, informé de l'explosion de quelques cas de choléra dans une commune de l'arrondissement de Thionville, à Remering, convoquait à la préfecture les médecins de la ville pour les consulter sur les mesures à prendre dans le cas où l'épidémie s'étendrait dans le reste du département.

C'est à ce moment que fut décidée l'ouverture de salles spéciales dans les hôpitaux civils et à l'hôpital militaire, pour isoler les cholériques qui pourraient y être amenés.

Ces différentes mesures commandées par la prudence, et qui n'avaient que l'inconvénient bien léger d'être inutiles peut-être, offraient au moins l'immense avantage de ramener la confiance dans les esprits alarmés, puisque l'administration ne négligeait rien pour prévenir l'invasion de l'épidémie, et pour la combattre, dans le cas où elle n'aurait pu être prévenue.

La maladie signalée à Remering se borna à quelques cas isolés, et quoique dans le courant de décembre le choléra se fut aussi montré à Ham-sous-Varsberg, petit village du canton de Boulay, où il fit 19 victimes, l'influence cholérique semblait s'être complétement éteinte pendant l'hiver.

Mais dès le commencement du printemps 1866 l'épidémie reparut de nouveau, d'abord à Vahl-lès-Faulquemont, le 17 mars, et de là s'étendit progressivement à un certain nombre de communes du département.

Mon travail ne comportant que l'étude de la constitution médicale pour l'année 1866, je n'aurai pas à revenir sur les épidémies signalées en 1865 à Remering et à Ham-sous-Varsberg. Je suis, du reste, d'autant mieux disposé à les passer sous silence que je manque de renseignements précis à leur sujet, et que l'épidémie de 1866 paraît trop nettement due à des importations nouvelles pour pouvoir être liée à celle de ces deux communes.

Avant d'aborder mon sujet, je dois faire remarquer qu'il est impossible de dresser une statistique générale bien exacte ; dans les statistiques partielles fournies par les maires de chaque localité, et comprenant le nombre des malades et celui des décès, j'ai remarqué que le nombre des malades est presque toujours singulièrement exagéré. La plupart de ces statistiques indiquent comme atteints par l'épidémie tous les individus qui ont été plus ou moins indisposés pendant sa durée, et le nombre en est, comme on sait, très-considérable. Comme exemple de cette cause d'erreur, je citerai une commune de ma circonscription cantonale, Saint-Julien-lès-Metz, où certainement il n'y a pas eu plus de 10 à 12 cas de choléra confirmé. J'y ai vu, il est vrai, beaucoup d'indispositions légères, telles qu'embarras gastriques, diarrhées fréquentes et quelquefois tenaces, des troubles nerveux sans gravité, tout aussi bien dus à la peur qu'à l'influence épidémique, et cependant je trouve dans le tableau dressé par la municipalité 107 malades, sur lesquels il n'y a eu que 7 décès.

Les statistiques dressées par des médecins offriraient une grande garantie d'exactitude, si tous s'étaient conformés à la division généralement adoptée, en diarrhée simple, cholérine et choléra, au lieu de réunir, comme quelques-uns l'ont fait, dans le même groupe, tous les états maladifs observés pendant la durée de l'épidémie.

Mais il faudrait en outre qu'un seul praticien ait été appelé à donner des soins à tous les malades d'une même commune, et c'est ce qui n'a pas lieu ordinairement, surtout aux environs des grands centres de population. Là il arrive souvent que deux ou trois médecins appelés dans un village pendant la même journée, traitent simultanément et à leur insu les mêmes malades. Chacun indiquant le nombre des cholériques auxquels il a donné des soins, il y aurait dans un recensement général beaucoup de malades cités plusieurs fois, alors que le nombre des décès reste forcément le même; en sorte que l'on trouvera à l'épidémie une bénignité bien plus apparente que réelle.

Invasion et marche de l'épidémie dans le département.

Comme je l'ai dit plus haut, les épidémies de choléra qui avaient régné en automne et au commencement de l'hiver de 1865 dans les deux communes de Remering et de Ham-sous-Varsberg, étaient tout à fait éteintes. Pendant près de trois mois, aucun cas de choléra ne s'étant déclaré dans le département, les esprits étaient complétement rassurés, lorsque la maladie reparut de nouveau, et cette fois évidemment importée par des personnes récemment arrivées de pays contaminés.

Le premier cas de choléra, en 1866, a été observé à Vahl-lès-Faulquemont, sur un homme d'une cinquantaine d'années, père d'un soldat d'artillerie de marine en garnison à Lorient. Ce soldat, qui venait d'être traité dans cette ville pour une attaque de choléra algide, obtint après sa guérison un congé de convalescence qu'il vint passer dans sa famille, où il arriva dans la première quinzaine de mars. Le 17 mars, sans que dans tout le canton de Faulquemont il y eut la moindre influence épidémique, le père de ce soldat fut atteint tout à coup de vomissements et selles riziformes très-abondants, d'angoisse épigastrique, de crampes dans les membres, de refroidissement avec cyanose légère. Le malade se rétablit promptement, et M. le docteur Tarrillon, médecin cantonal à Faulquemont, qui avait d'abord posé le diagnostic de gastro-entérite cholériforme, fut bientôt désabusé, car trois jours ne s'étaient pas écoulés que deux habitants de maisons attenantes à celles de Bardo, pris des mêmes accidents, succombaient en quelques heures. Depuis ce moment, l'épidémie s'étendit progressivement à tout le village, en marchant pour ainsi dire de porte en porte.

Vers la même époque (derniers jours de mars), le choléra commençait à se montrer à Erstrof, à Arprich, communes du canton de Grostenquin, et un peu plus tard à Courcelles-Chaussy, dans le canton de Pange. Comme on n'a que des renseignements contradictoires sur l'invasion du choléra dans ces trois communes, je ne les cite qu'à cause de leur proximité de Vahl-lès-Faulquemont, sans pouvoir mettre en cause d'une manière précise l'importation de la maladie.

Une femme de Boulay, qui était restée chez son fils à Vahl-lès-Faulquemont pendant toute la durée de l'épidémie, ressentit d'abord dans ce village des atteintes légères de la maladie régnante. De retour à Boulay, elle mourut du choléra le 14 mai. Depuis ce moment il y eut à Boulay quelques cas isolés de choléra, mais l'épidémie reste encore à l'état latent et n'éclate franchement dans cette ville que le 30 juin, et alors elle sévit avec une violence terrible.

La panique, causée par cette brusque explosion de l'épidémie, poussa un grand nombre d'habitants de Boulay à déserter leur ville et à fuir dans toutes les directions. Quelques-uns d'entre eux, déjà souffrants à leur départ, succombèrent dans les localités où ils étaient allés chercher un refuge.

Metz était devenu le centre de cette émigration, aussi, le 11 juillet, une femme et un homme, arrivés de Boulay le 6, y furent atteints de choléra, et immédiatement la maladie commence à se déclarer dans la rue Chambière et dans le quartier des Allemands, où s'étaient logés le plus grand nombre des habitants de Boulay.

L'épidémie s'étendait donc du sud-est et de l'est vers le centre, lorsqu'elle pénétra dans l'arrondissement de Briey, situé au nord-ouest du département.

Le 17 juin, une personne récemment arrivée de Belgique où régnait l'épidémie, vint succomber à Longwy-Bas à une attaque de choléra.

Un nourrisson arrive de Paris à Anderny, le 10 juillet; il meurt avec de la diarrhée et des vomissements. Trois personnes de la famille dans laquelle se trouvait cet enfant, succombent en quelques heures, puis les voisins sont pris successivement.

De ces deux nouveaux foyers, la maladie se répand rapidement dans l'arrondissement de Briey, dont elle envahit bientôt un grand nombre de communes.

Partie de deux points diamètralement opposés, le sud-est et le nord-ouest, l'épidémie, à l'exception de quelques rares écarts, gagna, de proche en proche, un nombre considérable de localités en suivant sensiblement deux lignes (l'une dirigée du sud-est au nord-ouest, et l'autre du nord-ouest au sud-est) qui se rejoignent vers le centre du département.

Causes. — *Importation, contagion, infection.* — La constitution médicale était très-satisfaisante dans tout le département, et rien ne pouvait faire pressentir l'invasion de l'épidémie, lorsque parurent les premiers cas de choléra, importés, d'abord à Vahl-lès-Faulquemont, par un convalescent, puis à Boulay, Metz, Anderny, par des personnes qui, en y arrivant, furent atteintes de la maladie dont elles avaient pris le germe en séjournant dans des localités où régnait l'épidémie.

S'il est vrai que la maladie ait paru se développer spontanément dans beaucoup de communes, du reste peu éloignées de communes infectées, les exemples d'importation que j'ai cités, et qui ne sont pas les seuls, paraissent assez concluants pour qu'il soit impossible de regarder le début de l'épidémie dans une localité après l'arrivée d'un cholérique comme une simple coïncidence.

Ces premiers malades atteints de choléra créèrent souvent, pour leurs parents ou leurs voisins qui leur avaient donné des soins, un élément de contagion, et quelquefois un foyer d'infection pour toute une maison et même pour une commune entière.

La nature contagieuse de la maladie est bien clairement mise en évidence par de nombreux faits observés par beaucoup de médecins. Dans l'impossibilité où je me trouve de signaler tous ces faits, je rappellerai seulement ceux de Vahl, d'Anderny, auxquels j'ajouterai les cinq cas intérieurs de l'hôpital Bon-Secours cités dans le rapport de M. le docteur Didion, et les deux cas de l'hospice Saint-Nicolas, observés chez deux femmes à qui avait été confiée la garde des orphelins amenés de Boulay.

Ces exemples de transmission, par contact direct ou indirect d'un sujet malade à des individus sains, qu'on pourrait multiplier au besoin, suffisent pour démontrer que la contagion a joué un rôle très-important dans l'extension de l'épidémie, et pour fixer les opinions sur ce point autrefois si controversé de l'étiologie.

Il n'a pas toujours été nécessaire que le sujet à qui l'on peut attribuer l'importation de la maladie soit atteint du degré le plus grave, ainsi on a vu à Vahl la maladie débuter immédiatement après l'arrivée d'un convalescent qui avait depuis son attaque de choléra, traversé toute la France. A Borny, un homme est atteint de choléra léger et guérit, tandis que sa femme, sa belle-mère et quatre de ses enfants âgés de 17 à 24 ans, qui avaient couché dans sa chambre et dans un cabinet contigu, prennent le choléra trois ou quatre jours après et succombent tous.

En jetant un coup d'œil sur tous ces faits où la contagion est évidente, on voit que l'incubation a presque toujours été de très-courte durée, et qu'elle a rarement dépassé quatre ou cinq jours.

La transmission d'individu à individu n'a certainement pas été l'unique mode de développement du choléra.

La viciation de l'air, par les malades ou par leurs déjections, créa quelquefois des foyers d'infection plus ou moins étendus, et pernicieux pour les individus dont l'organisation n'offrait pas un degré suffisant de résistance à l'action du principe morbifique.

L'hospice de Boulay était ainsi devenu un vaste foyer d'infection. Sur 12 pensionnaires, vieillards et infirmes des deux sexes, habitant deux salles du rez-de-chaussée, j'en ai vu, dans l'espace de six à huit jours, 11 contracter le choléra et mourir, quoiqu'ils n'aient pas eu de contact direct avec les cholériques couchés dans les salles du premier et du second étage.

A Boulay, toutes les sœurs de charité s'exposaient également à la contagion. Cependant une ou deux seulement des sœurs de Saint-Vincent de Paul, qui donnaient des soins aux malades de la ville, éprouvèrent un léger malaise, tandis que des dix sœurs de l'ordre de Saint-Charles, affectées spécialement au service de l'hospice, et qui étaient logées à côté des salles de cholériques, huit furent atteintes de choléra ; cinq moururent.

Il est évident que si les malheureuses sœurs de Saint-Charles ont été aussi cruellement frappées, c'est que les effets de la contagion ont été accrus par leur séjour constant dans ce vaste foyer d'infection.

Enfin, là où on ne peut invoquer ni la contagion, ni l'infection, il faut bien se borner à expliquer le développement de la maladie par l'influence épidémique qui a plané sur une grande partie du département.

Causes prédisposantes. — Comme partout, nous voyons la maladie attaquer de préférence les individus d'un âge avancé, et surtout les personnes affaiblies par la misère.

Les classes pauvres, en effet, ont payé un large tribut à l'épidémie, tandis que les riches étaient à peu près épargnés.

Quant aux maladies aiguës ou chroniques, leur influence sur la prédisposition à contracter le choléra n'est nullement démontrée, car on a vu un certain nombre de personnes, jouissant habituellement d'une bonne santé, et vivant dans de bonnes conditions hygiéniques, contracter le choléra, alors que beaucoup d'autres, que leur chétive apparence semblait désigner comme des victimes de l'épidémie, ne ressentaient aucun malaise.

La peur, en amenant une perturbation dans les différentes fonctions de l'économie, a pu chez un grand nombre de personnes occasionner des troubles nerveux (tremblements, frissons, anxiété précordiale, céphalalgie), accompagnés quelquefois de diarrhée. Mais est-il bien démontré que cette influence morale ait eu une action incontestable sur le développement du choléra ? Les rapports des médecins n'en font pas mention ; et si quelques individus peureux ont été atteints, chacun de nous a pu voir beaucoup de personnes frappées d'épouvante, séjourner auprès des malades sans éprouver le moindre symptôme cholérique.

Dans toute épidémie, aux causes débilitantes dépendant de l'âge, de la misère ou des maladies antérieures, on a naturellement ajouté celles qui résultent des excès et surtout des excès alcooliques.

Cette opinion, au moins pour l'épidémie actuelle, ne paraît pas appuyée sur des preuves suffisantes. Ainsi dans plusieurs localités, notamment à Vahl-lès-Faulquemont et à Baslieux, j'ai vu beaucoup d'individus commettre presque journellement, et dans le but, disaient-ils, de se préserver du choléra, des abus alcooliques qui assez souvent, ont provoqué des vomissements alimentaires et bilieux. Malgré cela, l'ivresse m'a très-rarement paru devenir la cause occasionnelle d'une attaque de choléra.

Cependant, une fois développé chez un ivrogne de profession, le choléra a généralement marché rapidement vers une issue funeste.

Plusieurs fois une simple indigestion a été, chez des sujets prédisposés, le point de départ d'une attaque de choléra.

Les phénomènes météorologiques n'ont pas eu d'influence manifeste sur le développement et l'extension de l'épidémie, car bien que les conditions atmosphériques fussent sensiblement les mêmes pour tout le département, non-seulement l'épidémie n'a pas été générale, mais encore les différentes communes atteintes, ne l'ont été que successivement.

Le bulletin météorologique accompagnant le résumé de la constitution médicale de chaque mois ; je ne le reproduirai pas ici.

Nulle part les vents n'ont pu être accusés d'avoir servi de véhicule à l'élément morbifique, puisque, comme on l'a vu, le choléra a suivi sensiblement une ligne dirigée du sud-est au nord-ouest, tandis que les vents de l'ouest et du sud-ouest ont presque constamment soufflé pendant toute la durée de l'épidémie ; c'est-à-dire que ces deux directions des vents et de l'épidémie se sont croisées.

La maladie a aussi bien sévi dans les localités situées au fond des vallées que dans celles qui sont bâties sur les plateaux les plus élevés, et quelle que soit la nature du sol.

TABLEAUX indiquant la marche et les effets du Choléra dans le département.

COMMUNES.	Population des communes.	Début de l'épidémie.	Fin de l'épidémie.	Effets de l'épidémie. Malades.	Décès.
		Arrondissement de Metz.			
Vahl-lès-Faulquemont.	359	17 mars.	3 mai.	92	35
Courcelles-Chaussy...	1375	11 avril.	6 —	270	144
Brecklange..........	81-	27 —	12 —	10	2
Boulay..............	2937	14 mai.	20 sept.	incon.	175
Jouy-aux-Arches.....	1041	4 juin.	20 nov.	17	7
Silly-sur-Nied.......	382	27 —	2 sept.	52	18
Metz................	54817	9 juill.	2 nov.	incon.	184
Ottonville...........	704	10 —	25 juill.	62	3
Ars-sur-Moselle......	5860	11 —	11 oct.	541	192
Vantoux.............	388	20 —	15 sept.	71	17
Ancy-Dornot.........	1340	30 —	22 août.	15	10
Malroy..............	242	1 août.	21 oct.	2	1
Argancy.............	724	4 —	20 —	12	4
Vry-Gondreville......	475	4 —	28 nov.	12	4
Vigy-Hessange........	821	7 —	14 sept.	7	»
				A reporter....	796

COMMUNES.	Population des communes.	Début de l'épidémie	Fin de l'épidémie.	Effets de l'épidémie. Malades	Décès.
				Report....	796
Gorze................	1573	8 août.	12 août.	4	4
Novéant..............	1381	8 —	30 —	3	1
Sainte-Ruffine.........	326	8 —	30 sept.	3	2
Rozérieulles..........	671	8 —	9 oct.	20	3
Sablon..............	1072	1 —	»	4	1
Scy-Chazelles.........	567	9 —	4 sept.	30	2
Charly...............	335	10 —	5 —	1	»
Vaux................	628	12 —	25 oct.	3	»
Saint-Julien-lès-Metz..	561	15 —	10 —	107	7
Vallières.............	566	16 —	10 —	53	7
Ennery..............	486	17 —	16 —	17	5
Flévy...............	305	17 —	12 —	23	16
Failly...............	284	17 —	10 —	5	2
Hayes...............	307	19 —	30 —	5	2
Nouilly..............	239	25 —	19 —	11	5
Trémery..............	388	28 —	16 —	64	19
Vionville.............	440	29 —	11 —	81	11
Chanville.............	303	1 sept.	22 —	194	24
Sainte-Barbe..........	596	2 —	30 —	5	5
Herny...............	926	5 —	27 —	65	11
Mey.................		5 —	9 sept.	2	2
Woippy..............	1443	7 —	12 oct.	41	11
Lessy...............	394	10 —	1 —	13	3
Macker..............	315	10 —	11 —	85	36
Jussy...............	249	14 —	10 —	12	8
Lorry-lès-Metz........	718	16 —	2 —	61	38
Ban-Saint-Martin......	448	17 —	10 —	1	1
Vittoncourt...........	605	24 —	10 —	10	8
Brouch..............	227	24 —	2 —	160	38
Hinckange............	244	25 —	20 —	46	3
Longeville-lès-Metz...	704	30 —	10 —	10	6
Marange-Sylvange.....	777	30 —	20 —	50	12
Servigny-lès-Raville...	715	1 oct.	5 nov.	101	70
Borny...............		1 —		9	8
Hautconcourt.........	510	19 —	18 —	69	23
				TOTAL....	1190

COMMUNES.	POPULATION des communes.	DÉBUT de l'épidémie.	FIN de l'épidémie.	Effets de l'épidémie. Malades.	Décès.
Arrondissement de Sarreguemines.					
Erstroff	442	1 avril.	20 mai.	119	20
Harprich	375	25 —	1 juin.	48	6
Eincheviller	472	27 —	9 août.	222	81
Landroff	531	27 juill.	15 sept.	103	33
Berig	486	22 août.	7 —	83	24
Styring-Wendel	3310	14 sept.	1 nov.	456	138
Forbach	5000	septem.	octobre.	25	12
Sarralbe	3383	27 sept.	22 nov.	51	27
				TOTAL....	341
Arrondissement de Briey.					
Longwy	2843	17 juin.	20 oct.	89	21
Cosnes	1079	19 —	1 sept.	343	51
Gorcy	657	23 —	25 —	253	34
Villers-la-Chèvre	265	25 —	5 oct.	30	3
Ville-Houdlemont	515	25 —	14 août.	62	19
Réhon	505	2 juill.	21 oct.	63	7
Laix	327	4 —	23 sept.	195	25
Baslieux	719	11 —	25 —	248	65
Cons-la-Grandville	556	12 —	1 —	75	20
Villers-la-Montagne	1225	15 —	27 août.	271	46
Mont-Saint-Martin	928	15 —	5 oct.	99	59
Saulnes	474	15 —	3 —	95	7
Longuyon	1825	15 —	1 nov.	155	11
Allondrelle	949	15 —	1 —	210	33
Montigny-sur-Chiers	557	15 —	20 —	247	51
Saint-Pancré	583	15 —	30 août.	130	19
Tellancourt	413	15 —	25 —	30	13
Fresnoy-la-Montagne	612	16 —	20 —	102	5
Anderny	416	16 —	10 —	200	24
Ugny	386	17 —	15 —	25	5
Morfontaine	503	19 —	19 —	51	10
Chenières	353	19 —	1 oct.	77	15
Lesey	391	19 —	8 sept.	38	10
				A reporter....	553

COMMUNES.	Population des communes.	Début de l'épidémie.	Fin de l'épidémie.	Effets de l'épidémie. Malades.	Décès.
			Report....		553
Hancourt.............	319	21 sept.	22 août.	24	9
Aumetz..............	1068	23 —	5 oct.	111	18
Herserange...........	649	24 —	19 —	171	19
Viviers..............	699	25 —	10 —	105	5
Preutin..............	98	13 —	15 août.	2	1
Joppécourt...........	339	1 août.	20 oct.	40	3
Erzouville...........	302	2 —	6 —	1	1
Cutry................	293	3 —	1 —	56	10
Saint-Supplet.........	416	3 —	1 sept.	152	38
Audun-le-Tiche.......	971	9 —	11 oct.	62	2
Ville-au-Montois......	648	10 —	1 —	68	13
Bussange.............	321	14 —	10 —	104	25
Fillières.............	759	15 —	28 —	147	37
Avril................	644	15 —	28 —	3	2
Boismont.............	390	20 —	30 —	16	4
Beuveille............	721	21 —	25 sept.	308	37
Dompierre	208	25 —	6 —	5	»
Xivry-le-Franc	193	25 —	6 —	qq. cas	isolés.
Bazailles............	317	25 —	8 oct.	65	8
Pierrepont...........	957	25 —	14 —	312	50
Mercy-le-Bas.........	694	28 —	20 sept.	220	37
Villeroy.............	622	septemb.	octobre	4	2
Villette..............	301	10 sept.	30 sept.	5	3
Fontoy...............	1059	10 —	21 oct.	231	19
Rombas...............	1348	14 —	12 nov.	146	23
Bettainvillers.........	246	16 —	20 oct.	2	2
Mairy................	420	23 —	10 —	6	4
Knutange	1004	4 oct.	8 nov.	210	23
			Total....		948

Arrondissement de Thionville.

COMMUNES.	Population des communes.	Début de l'épidémie.	Fin de l'épidémie.	Malades.	Décès.
Colmen..............	282	1 mai.	15 mai.	10	»
Thionville............	6171	1 juill.	26 —	45	13
Beauregard...........	391	juillet.	p. indiq.	4	1
Saint-François........	233	—	—	17	5
Aidling..............	177	14 —	28 juill.	5	4
			A reporter....		23

COMMUNES.	Population des communes.	Début de l'épidémie.	Fin de l'épidémie.	Effets de l'épidémie. Malades.	Décès.
			Report....		23
Villing..............	395	22 juill.	31 juill.	4	2
Guentrange...........	448	2 août.	30 sept.	72	21
Montrequienne........	229	5 —	10 oct.	26	20
Ottange..............	1463	15 —	19 —	403	55
Hagen................	146	20 —	3 sept.	14	3
Rentgen..............	534	22 —	1 oct.	36	»
Beyren...............	300	27 —	30 sept.	62	11
Rosselange...........	681	29 —	27 —	34	16
Filstroff............	611	31 —	20 —	40	19
Kontz-Haute..........	560	31 —	15 —	1	1
Veymerange...........	701	1 sept.	20 oct.	1	1
Alzing...............	502	2 —	15 —	35	12
Bettlainville........	553	3 —	25 —	46	21
Vitry................	925	4 —	8 nov.	24	11
Kuntz-Basse..........	596	8 —	29 sept.	13	6
Rethel...............	722	17 —	4 nov.	40	12
Hayange..............	3896	16 —	31 oct.	1015	55
Moyeuvre-Grande......	3195	1 oct.	21 nov.	403	71
Moyeuvre-Petite......	449	1 —	21 —	32	4
Bouzonville..........	1883	6 —	31 jer. 67	30	20
Freistroff...........	1085	29 —	12 —	3	2
Hestroff.............	610	30 —	12 —	15	7
Florange.............	1236	20 nov.	1 févr.	14	8
Schrémange...........	451	janv. 67	février.	12	4
			TOTAL....		405

RÉSUMÉ de la mortalité par suite du choléra.

Arrondissements.	Nombre de communes atteintes.	Nombre des décès. Hommes	Femmes.	Enf. au-dessous de 12 ans	Pour lesquels sexe et âge ne sont pas indiq.	Totaux.
Metz...........	50	483	435	214	58	1190
Sarreguemines..	8	104	130	107	»	341
Briey..........	51	397	375	176	»	948
Thionville......	29	132	158	79	36	405
TOTAUX...	138	1116	1098	576	94	2884

La durée totale de l'épidémie dans le département a été d'un peu plus de 10 mois ; depuis le 17 mars 1866, époque à laquelle le choléra s'était montré à Vahl-lès-Faulquemont, jusque dans les premiers jours du mois de février 1867, où il disparut complétement de Bouzonville (il y avait été importé par un individu arrivant de Moyeuvre) et de Schrémange, les dernières localités atteintes.

La durée dans chaque commune, très-variable, a cependant été généralement d'autant plus longue que le chiffre de la population était plus considérable. A Metz, l'épidémie a duré près de quatre mois (du 9 juillet au 2 novembre).

D'abord lente, la marche de l'épidémie éprouva un temps d'arrêt marqué, du 1er mai au commencement de juin. En juillet, août, septembre, il se manifeste une recrudescence très-sensible. Enfin dès les premiers jours d'octobre survient la décroissance, d'abord indécise, puis très-notable, et qui se maintient jusqu'à la fin de l'épidémie, au commencement de février 1867.

Les communes furent atteintes dans l'ordre suivant :

1	au mois	de Mars 1866.
4	—	d'Avril.
1	—	de Mai.
8	—	de Juin.
35	—	de Juillet.
47	—	d'Août.
31	—	de Septembre.
9	—	d'Octobre.
1	—	de Novembre.
1	—	de Février 1867.

Des quatre épidémies cholériques observées dans le département, celle de 1866 a causé le plus de ravages, surtout dans la population rurale. 138 communes, qui ont été atteintes, ont fourni 2884 décès. L'épidémie déjà si meurtrière de 1854 n'avait donné que 2304 décès, ce qui fait une différence de 580 décès en plus pour 1866.

RÉSUMÉ *comparatif des décès cholériques pendant les quatre épidémies.*

ARRONDISSEMENTS.	1832	1849	1854	1866
Metz	1817	536	595	1190
Briey	142	118	707	948
Thionville	258	574	335	405
Sarreguemines	2	10	667	341
Totaux	2219	1238	2304	2884

La gravité de la maladie, loin d'être la même partout, a varié avec les diverses localités, sans qu'on puisse découvrir dans les conditions hygiéniques, telluriques ou météorologiques la cause de cette différence.

Ainsi, dans beaucoup de villages où la majeure partie des habitants a éprouvé des troubles digestifs plus ou moins sérieux, la mortalité était relativement plus faible, quoique les cas de choléra, assez nombreux, parussent très-graves. Dans un petit nombre de villages, au contraire, principalement à Brouck (canton de Boulay) et à Borny (canton de Metz), on n'observa, en dehors des cas de choléra confirmé, presque tous mortels dans l'espace de quelques heures, qu'un très-petit nombre de simples dérangements intestinaux.

Les cholériques qui n'avaient pas succombé pendant la période algide, pouvaient, dans la plupart des communes rurales, être considérés comme hors de danger, malgré l'intensité quelquefois excessive des symptômes ataxo-adynamiques de la réaction.

Mais à l'hôpital Bon-Secours de Metz, à l'hospice de Boulay et dans quelques villages, comme Ottange, Vallières, un nombre assez considérable de malades (environ le quart de ceux qui ont succombé) a été emporté par les accidents typhoïdes, et surtout par l'adynamie profonde qui, chez beaucoup de vieillards et quelques adultes d'une constitution débile, succédaient non-seulement au choléra algide, mais même quelquefois à une simple cholérine.

Description de la maladie.

Les diverses manifestations morbides résultant de l'action sur l'organisme de l'élément spécifique cholérigène diffèrent trop peu de celles que nous trouvons déjà décrites en 1832, pour nécessiter une description détaillée ; aussi je me bornerai à passer rapidement en revue les traits les plus saillants de l'épidémie que nous venons de traverser.

Diarrhée prémonitoire. — Dans la majorité des cas, le choléra a été précédé, pendant un ou plusieurs jours, de malaise et surtout de diarrhée séreuse ; quelquefois, mais plus rarement, de vomissements bilieux.

Assez souvent aussi (peut-être dans un cinquième ou un sixième des cas), le choléra s'est déclaré d'emblée.

On a remarqué que la gravité de la maladie était généralement d'autant plus grande que la durée de ces phénomènes dits prémonitoires avait été plus courte ; et que là où ils ont complétement manqué, le choléra a revêtu le plus souvent la forme foudroyante.

Choléra. — Des selles caractéristiques, copieuses et très-fréquemment renouvelées, annonçaient le début de l'attaque, qu'elle eût lieu d'emblée ou qu'elle succédât à une diarrhée prémonitoire plus ou moins prolongée. Alors les vomissements commençaient à se montrer, d'abord alimentaires ou bilieux, puis bientôt riziformes. Ils étaient presque toujours beaucoup moins abondants que les selles ; ce n'est que par exception qu'ils ont eu une fréquence extrême ; alors ils se produisaient presque sans effort et comme par régurgitation.

En même temps que ces déjections, commençaient à se manifester les symptômes nerveux ; bourdonnements dans les oreilles, sensation très-pénible de barre étreignant l'épigastre, crampes plus ou moins violentes, principalement dans les membres inférieurs.

A cette première période succédait bientôt la période algide ou asphyxique pendant laquelle la peau qui s'était refroidie graduellement des extrémités vers le tronc, se cyanosait plus ou moins, devenait glacée, visqueuse, alors que les malades se plaignaient d'une sensation très-douloureuse de feu intérieur et d'une soif inextinguible. Le pouls de plus en plus petit devenait même souvent imperceptible à la radiale ; les battements du cœur étaient sourds et confus. Les urines se supprimaient, la voix était éteinte ; la face prenait son aspect cadavéreux si caractéristique. Chez quelques malades jeunes, on remarquait une très-grande agitation.

Forme foudroyante. — Des individus, le plus souvent des adultes de constitution vigoureuse, rarement des sujets délicats ou des vieillards, étaient pris au milieu d'un état de santé parfait, ou après avoir eu un peu de diarrhée depuis quelques heures seulement, des symptômes les plus graves du choléra.

Les déjections riziformes étaient ordinairement beaucoup moins fréquentes et abondantes que dans la forme précédente, ce qui justifie jusqu'à un certain point la dénomination du choléra sec ; mais les symptômes nerveux prenaient immédiatement une intensité effrayante. Les malades étaient presque tous tourmentés par de très-pénibles et inutiles efforts de vomissement. Des crampes violentes dans tous les membres, une angoisse épigastrique excessivement douloureuse arrachaient des cris à ces malheureux dont le facies s'altérait si rapidement qu'au bout de quelques instants ils étaient devenus méconnaissables.

Dès le début de l'attaque, le pouls était imperceptible, l'aphonie complète ; la soif inextinguible ; la sécrétion urinaire supprimée.

La peau glacée, fortement cyanosée et gluante se ratatinait comme après une longue macération dans un liquide.

La mort mettait dans un espace de 5 à 12 heures un terme à ces horribles souffrances au milieu desquelles les malades conservaient jusqu'au dernier moment leur intelligence et le sentiment de leur position.

Dans la forme commune, au contraire, la période algide s'est prolongée dans bien des cas presque tous mortels pendant 24 et même 36 heures, au bout desquelles les malades succombaient en présentant tous les symptômes d'une asphyxie lente.

Réaction. — Si les malades ne mouraient pas pendant cette période, la réaction survenait en général dans un espace de 6 à 12 ou 18 heures.

Alors tous les symptômes précédemment décrits disparaissaient graduellement à l'exception toutefois des déjections qui persistèrent assez souvent pendant plusieurs jours.

Les crampes étaient remplacées par une sensation très-incommode de brisement des membres ; l'angoisse épigastrique diminuait sans cesser complétement. Le pouls renaissait et prenait de l'ampleur et de la fréquence. La chaleur revenait à la peau qui se couvrait d'une sueur moite toute différente de l'enduit visqueux de la période algide. La respiration plus libre s'accélérait.

Les urines reparaissaient d'abord rougeâtres et sédimenteuses, puis normales.

La soif encore un peu vive ne tardait pas à se modérer, en même temps que le désir des aliments commençait à se faire sentir.

Ce sont là les cas les plus heureux dans lesquels les malades, après une convalescence de 4 à 5 jours, pouvaient reprendre leurs occupations en conservant toutefois pendant quelque temps un état de faiblesse assez prononcé.

Mais il s'en faut de beaucoup que la réaction se soit toujours présentée avec cette simplicité. Une fièvre violente s'allumait et le plus souvent il survenait des troubles nerveux graves caractérisés par des accidents typhoïdes ataxo-adynamiques, agitation, soubresauts des tendons, délire alternant avec de la somnolence et même du côma, et enfin quelquefois du hoquet. Ce dernier symptôme était ordinairement du plus fâcheux augure.

La succession ou plutôt l'alternance des phénomènes ataxiques et adynamiques constituèrent dans le plus grand nombre de cas, la réaction typhoïde. Mais les conditions individuelles imprimant quelquefois un caractère spécial à cette période, on a vû chez les jeunes gens et les adultes de constitution robuste, prédominer les symptômes ataxiques, tandis que chez la plupart des vieillards et quelques sujets débilités, l'adynamie la plus profonde succédait au choléra algide, et souvent même à une simple cholérine.

Ainsi, un certain nombre de vieillards, soit en ville, soit à la campagne, étaient pris seulement de diarrhée séreuse ou bien riziforme peu abondante (de 5 à 10 selles par jour; quelquefois, mais non constamment, de vomissements. L'anorexie était complète, et la soif très-modérée. Peu à peu, sans que le nombre des déjections augmentât, il survenait un état de prostration extrême dont il était presque toujours impossible de tirer les malades, qui s'éteignaient insensiblement au bout de 5 à 8 jours, sans avoir jamais éprouvé de crampes et sans que la peau ait présenté la teinte cyanique.

Cholérine. — État catarrhal du tube digestif.

La cholérine beaucoup moins fréquente que le choléra confirmé, a ordinairement cédé dans l'espace de quelques jours. Ce n'est que très-rarement qu'elle s'est transformée en choléra.

Un état catarrhal du tube digestif, auquel peu de personnes bien portantes, du reste, ont échappé, a pendant toute la durée de l'épidémie été l'affection dominante, aussi bien dans les communes atteintes, que dans quelques-unes où il n'y a pas eu un seul cas de choléra confirmé.

En dehors du choléra et des affections catarrhales des voies digestives, on a observé très-souvent des troubles passagers et sans gravité du système nerveux : principalement de l'angoisse épigastrique, de la céphalalgie, de la lassitude, phénomènes sur la production desquels la peur et les impressions morales pénibles auxquelles sont soumises les populations en temps d'épidémie, ont pu avoir la plus grande part.

La suette signalée dans plusieurs communes, surtout dans le canton de Longuyon, était bien rarement accompagnée d'éruption miliaire. La tendance à la transpiration a été presque toujours exagérée par l'usage immodéré des boissons diaphoritiques et le soin que prenaient beaucoup de personnes de se cacher sous d'énormes duvets, dès qu'elles ressentaient le moindre malaise.

Des accès fébriles peu intenses et franchement intermittents ont été aussi fréquemment observés dans beaucoup de communes, surtout vers la fin de l'épidémie, c'est-à-dire à l'époque où chaque année la fièvre intermittente devient endémique. L'influence cholérique ne peut donc pas être invoquée pour expliquer le développement de la plupart de ces fièvres intermittentes qui étaient heureusement influencées par la médication quinique.

Complications.

Dans plusieurs cas, une éruption érythémateuse ou vésiculo-papuleuse généralisée s'est déclarée dès le début de la convalescence du choléra, qu'elle n'a nullement entravé.

L'apparition, heureusement bien rare, de selles sanguinolentes dès le début de l'attaque de choléra, ou même lorsque les malades paraissaient entrer en convalescence, a été constamment funeste.

La convalescence du choléra ou même de la cholérine, ordinairement très-courte, a été plusieurs fois retardée par la persistance des vomissements ou des selles, qui prenaient alors l'aspect bilieux ou séreux.

Un purgatif salin ou bien l'ipécacuanha à dose vomitive triomphèrent presque toujours rapidement de cette hypersécrétion gastro-intestinale, qui, même quelquefois, cédait presque instantanément sous l'influence de cette médication évacuante.

Pronostic.

L'épidémie a été très-grave, puisque l'on peut évaluer approximativement la mortalité à la moitié, peut-être même aux deux tiers des malades atteints de choléra confirmé. La grande majorité des décès a eu lieu pendant la période algide ou asphyxique, qui n'était pas seule funeste, car les accidents typhoïdes de la réaction ont aussi emporté un certain nombre de malades, surtout dans quelques communes.

Dans la période algide, aucun signe certain ne pouvait faire prévoir soit la mort, soit le passage à la période de réaction.

Pendant la réaction, on devait s'attendre à la terminaison fatale, lorsqu'au délire et à l'agitation succédait un état de stupeur prolongé, pendant lequel on observait des évacuations involontaires, la sécheresse de la langue, qui se fendillait et se couvrait d'épaisses fuliginosités, ou bien lorsque les selles prenaient l'aspect dyssentérique.

La maladie, d'une excessive gravité dans la forme adynamique observée chez le plus grand nombre des vieillards et quelques sujets débiles, a aussi été presque constamment mortelle pour les adultes chez lesquels elle a affecté la forme foudroyante.

Traitement.

L'épidémie actuelle n'a malheureusement apporté aucune lumière sur le traitement du choléra.

Le caractère bénin ou malin de la maladie variant d'une localité à une autre, on s'explique comment des essais thérapeutiques couronnés de succès dans une localité malgré la gravité, au moins apparente, des cas de choléra qu'on y rencontrait, ont échoué sur les malades de villages voisins, où les cas de choléra étaient presque tous mortels.

Des résultats si dissemblables obtenus par des moyens empiriques étaient bien de nature à déconcerter ceux qui les avaient mis en usage; aussi la plupart des praticiens se sont-ils, après quelques tâtonnements, bornés presque exclusivement au traitement classique, basé sur l'étude attentive des principaux symptômes observés dans chaque cas particulier.

Dans l'impossibilité de recourir à un traitement spécifique, les principales indications thérapeutiques ont dû être tirées des troubles fonctionnels si variés des appareils digestif, nerveux et circulatoire.

Les astringents et les narcotiques en potion ou en lavement dirigés contre l'hypersécrétion gastro-intestinale de la première période de la maladie, ont été secondés par l'emploi des boissons gazeuses froides, de la glace, du chloroforme en potion, et des révulsifs cutanés à l'épigastre, pour combattre les vomissements.

Dans la période algide, si les déjections persistaient, les moyens précédents étaient continués et on leur associait les stimulants internes et externes (infusions aromatiques alcoolisées, ammoniaque et ses composés, frictions sèches ou avec des liniments excitants), dans le but de réveiller l'action vitale.

Les accidents congestifs de la réaction ont été combattus par de légères saignées locales; et, enfin, les accidents typhoïdes par les antispasmodiques (éther, valériane, musc) unis souvent aux toniques névrosthéniques, et cela avec des résultats variables.

La cholérine, la diarrhée séreuse et l'état nerveux ont le plus souvent cédé à la médication la plus simple par le sous-nitrate de bismuth, l'opium à faibles doses et les infusions aromatiques additionnées de quelques gouttes d'éther.

La médication évacuante substitutive, par l'ipécacuanha ou les sulfates de magnésie ou de soude, d'un effet aussi incertain que les autres traitements dans les cas de choléra, a presque toujours triomphé des diarrhées rebelles accompagnées d'embarras gastriques. Plusieurs fois cependant, le choléra s'est déclaré après l'administration d'un purgatif salin ou de l'ipécacuanha employés contre un simple embarras gastro-intestinal.

Considérations hygiéniques.

Ce n'est pas sans raison que les médecins cantonaux signalent chaque année, dans leurs rapports, de nombreuses causes d'insalubrité, car dans un certain nombre de villages, les habitants paraissent ignorer les préceptes les plus élémentaires de l'hygiène.

La voie publique est encombrée par des fumiers mal entretenus; les liquides qui s'en échappent, mélangés aux eaux pluviales et ménagères, forment devant les maisons des mares infectes quelquefois si considérables qu'on y fait baigner les bestiaux.

Beaucoup de maisons manquent de latrines; le fumier ou un coin du jardin en tiennent lieu. C'est là qu'au mépris des recommandations des médecins, on déposait les déjections des cholériques. Souvent une seule chambre sombre, humide, malpropre, quelquefois à peine séparée par quelques planches vermoulues, d'une écurie immonde dans laquelle on élève un porc, une chèvre, des poules, sert de logement à toute une famille.

L'épidémie devait trouver un aliment dans de pareilles conditions. Ainsi, presque toujours la prédisposition à contracter le choléra a été favorisée par l'encombrement, la mauvaise nourriture, l'insalubrité des habitations et des localités.

En effet, dans la plupart des localités envahies par le fléau, l'influence épidémique ne s'est révélée ordinairement que par de légers malaises dans la classe aisée, où le choléra n'a fait qu'un petit nombre de victimes, tandis qu'il frappait cruellement les pauvres.

Ceux-ci mal vêtus, mal logés, usés par la fatigue, souvent par l'ivrognerie, ne trouvent pas dans leur alimentation grossière et insuffisante d'éléments réparateurs qui permettent à leur organisme de lutter efficacement contre l'action des causes morbifiques.

Les désinfectants (sulfate de fer, acide phénique, chlorure de chaux) n'ont pas semblé empêcher le développement ni l'extension de l'épidémie, malgré l'emploi on peut dire immodéré qu'on en a fait dans quelques communes.

L'alimentation exclusivement animale à laquelle beaucoup de familles s'étaient condamnées, les élixirs anti-cholériques, le laudanum dont on a singulièrement abusé comme moyens prophylactiques, n'ont pas toujours été sans inconvénients; car à la constipation qui en était la conséquence ordinaire, succéda quelquefois une débâcle, accident toujours alarmant, et dans plusieurs cas, suivi des symptômes du choléra.

Justement effrayées par l'inefficacité des moyens prophylactiques dans lesquels elles avaient d'abord mis toute leur confiance, les populations songèrent seulement aux mesures hygiéniques tant de fois recommandées par les médecins cantonaux, et prescrites par de nombreux arrêtés préfectoraux.

C'est ainsi que plusieurs communes firent immédiatement enlever les fumiers et tentèrent de dessécher les mares d'eau croupissante, sans penser que ces mesures, très-utiles en temps ordinaire, pouvaient aggraver encore l'épidémie, à cause du dégagement considérable et rapide de gaz infects, que l'on occasionnait en augmentant tout à coup la surface d'évaporation de ces matières animales et végétales en putréfaction.

Les cimetières, malgré la loi du 22 prairial, an XII, se trouvent encore dans un très-grand nombre de communes, placés au milieu du village, autour de l'église.

Des faits regrettables au point de vue de l'ordre public et de la salubrité sont inévitables en temps d'épidémie dans ces cimetières trop peu étendus et encombrés.

Les familles un peu aisées, bien que ne possédant pas de concessions, refusent de laisser faire les inhumations dans la portion de terrain qu'elles ont pris l'habitude de considérer comme leur propriété. Il en résulte qu'après des démêlés ordinairement violents, on se résigne à prendre les quelques places non contestées.

Quelquefois alors, en creusant une fosse, on exhumait et on laissait, exposées sur le sol du cimetière, des portions de squelette encore recouvertes de parties molles.

En outre, les fossoyeurs accablés d'ouvrage (à Boulay il y eut pendant plusieurs jours de 15 à 20 décès), ne donnant pas toujours aux fosses la profondeur réglementaire, plusieurs cercueils n'ont été recouverts que par une couche de terre de quelques centimètres d'épaisseur.

En présence d'aussi graves désordres, MM. les Maires de Boulay et de Baslieux ont demandé à M. le Préfet l'autorisation qu'ils ont aussitôt obtenue de transférer immédiatement le cimetière en dehors de la commune.

L'expérience a démontré que les secours largement organisés dans la plupart des communes dès l'apparition du choléra, que les soins dont tous les malades ont été entourés, que la vigilance déployée par quelques administrations locales pour écarter les causes qui pouvaient servir d'auxiliaire au fléau, ont été trop souvent suivis de peu de succès.

De précieux enseignements que nous ne devons pas négliger, découlent de l'étude de cette dernière épidémie ; car si la médecine a été trop souvent impuissante pour combattre la maladie confirmée, nous restons convaincus une fois de plus, que par l'application judicieuse et constante des règles de l'hygiène publique et de l'hygiène privée, on arriverait sinon à prévenir, au moins à diminuer considérablement les ravages causés par le choléra.

Malheureusement beaucoup de communes ne paraissent pénétrées de l'importance de l'hygiène qu'au moment où sévissent les maladies épidémiques ; et les mesures, alors inopportunes qu'elles s'empressent d'exécuter, sont oubliées dès que le danger cesse.

Unissons donc nos efforts à ceux des médecins cantonaux pour insister auprès de l'administration, sur la nécessité de *l'exécution permanente* des lois et règlements concernant la salubrité publique, si souvent laissés en désuétude par suite de l'ignorance, de l'apathie, et même des préjugés des populations.

Ces résultats que les progrès de la civilisation arriveraient à produire lentement, et dont la réalisation doit-être hâtée par la fermeté des administrations locales, seront la barrière la plus sûre à opposer à l'envahissement du choléra, aussi bien qu'au développement des maladies infectieuses qui de loin en loin viennent jeter la terreur dans les populations.

Metz, Imp. J. Verronnais.

www.ingramcontent.com/pod-product-compliance
Ingram Content Group UK Ltd.
Pitfield, Milton Keynes, MK11 3LW, UK
UKHW021036200726
13857UKWH00004B/1755

9 782012 940604